MONIKA GRUNDEI

MONIKA GRUNDEI

GEDICHTE
UND
MEDITATIONEN.

WEGE ZUR STILLE.

*Bibliografische Information der Deutschen Nationalbibliothek:
Die Deutsche Nationalbibliothek verzeichnet diese Publikation
in der Deutschen Nationalbibliografie; detaillierte bibliografische
Daten sind im Internet über http //dnb.dnb.de abrufbar.*

2015 Monika Grundei

*Herstellung und Verlag
BoD–Books on Demand, Norderstedt*

ISBN 9783739207117

Text: Monika Grundei
Umschlaggestaltung: Monika Grundei
Satz und Grafiken: Monika Grundei

Monika Grundei
Malerin und Autorin

Geb. 1937 in Schweidnitz / Ndschl. Nach *Krieg, Vertreibung und einem Neubeginn, erfolgte die Lehre in einer Anwaltskanzlei. Die Liebe zur Malerei und zur schriftstellerischen Tätigkeit wurde forciert und weiterentwickelt und so wurden die, durch* Kriegseinwirkung verlorenen Jahre, zum Gewinn. Es erfolgte die Zuwendung zu dem, was ihre eigentliche Berufung war und ist, der künstlerischen und schriftstellerischen Tätigkeit. In der Malerei erfolgten viele Ausstellungen, im schriftstellerischen Bereich Veröffentlichungen:

1982 „Das kleine Haus hinter dem Deich"
   Bericht über die Vertreibung aus der Heimat und der liebevollen Aufnahme in einem kl. Dorf in Norddeutschland
2014 „Glauben gegen den Strom"
   Das Buch beleuchtet viele Situationen unseres Lebens und stellt sie den Aussagen der Bibel und der Psalmen gegenüber.

Ein Gedichtband „Leise Verse" und der
Titel: „Worte", alltäglich gesprochen, welchen Sinn geben wir ihnen, sind ebenfalls auf dem Markt.

www.monikagrundei.deä

Der Mensch in Gottes Unendlichkeit

Endloser Himmel spannt sich über mir,
ich kann die Grenzen nicht sehen,
Sterne so zahlreich, kein Mensch kann sie zählen,
Herr deine Schöpfung, für uns ein Geschenk.

Ich bin ein Grashalm im Wind,
klein wie ein Sandkorn am Meer.
Ich bin ein Grashalm im Wind,
doch ich bin Gottes Kind.

Strahlende Sonne erwärmt unsre Welt,
Leben erwacht aus der Erde,
Blumen erblühen in prächtigsten Farben,
du bist der Herr über Leben und Tod.

Ich bin ein Grashalm im Wind,
klein wie ein Sandkorn am Meer,
Ich bin ein Grashalm im Wind,
doch ich bin Gottes Kind.

Geschenk des Tages

Ein neuer Tag wird mir geschenkt,

noch liegt er unterm Morgennebel,

die leeren Stunden warten schon,

dass ich sie fülle, doch ich fürchte,

dass vieles, was der Tag ersann,

vor dir Herr nicht bestehen kann.

O Herr, ich will dich heute preisen,

mit allem was der Tag mir bringt,

ob Kummer, Sorgen, Schmerz, ob Freude,

ich lege es in deine Hand,

denn ich vertrau' was du gesagt,

ich bin bei Euch,

für immer, jeden Tag.

Berufung

Eine Stimme hörte ich im Dunkeln.
Wem ist sie zuzuordnen?
Sie rief mich und es brannte in meinem Innern.

Ich suchte sie in der Musik,
im Tanz und in des Schmuckes Funkeln.
Dort war sie nicht,
all das ließ ich am Wege liegen.
Sie zieht mich und ich muss,
obwohl ich sie nicht kenne, lieben,
denn sie ist größer als das Firmament.

Alles will ich in diese Stimme legen,
ich geh', ohne mich umzudrehn,
dem großen Licht entgegen.

Gott

und der

allwissende

Mensch.

Gott schuf Himmel und Erde
und unter seiner Hand
wächst alles in
wunderbarem Zusammenspiel
der Kräfte.

Der allwissende Mensch
verstand es nicht einmal,
diese Ordnung zu erhalten.

Sein Schatten legt sich wie ein
Totentuch über

Gottes Schöpfung.

Die Erde

ein

blauer

Planet im All.

Licht,   Wärme,   Geborgenheit.

Gottes Wohnung

unter den Menschen.

Was ist Schuld

Den anderen nicht zu verstehn,
den Hunger der Welt zu übersehn.

Mich in den Vordergrund zu stellen.
Keine andere Meinung gelten zu lassen,
den Fremden nicht lieben, sondern zu hassen?

Meine Zunge nicht im Zaum zu halten.
Gerüchte in die Welt zu setzen.

Mein Leben als Maßstab zu benutzen.
Zu tun, als sei nur ich gerecht,
die Welt um mich nur bös und schlecht.

Mein Opfer als angemessen zu halten.
In die Hand des Hungernden Geld zu legen,
doch mein Herz zu öffnen, das wäre verwegen.

Ich könnte missverstanden werden.
Von dem Fremden immer Abstand wahren,
mein Inneres nicht zu offenbaren.

Wo bliebe ich mit meiner Schuld,
wenn Gott so handeln würde wie ich?
Es gäbe keinen Trost, keine Hoffnung für mich.

Doch er ist da an jedem Ort.
Verzeiht mir, bleibt nicht ferne stehen,
er will mit mir die Wege gehen.

Ich steh' vor Ihm mit meiner Schuld,
bekenne, wie oft ich versage,
er nimmt mich auf, stellt keine Frage.

Er hat die Schuld der Welt getragen.
Für Dich, für mich, so will ich's wagen
und mich bemühen, mitzutragen.

Zur Wahl des Papstes Johannes Paul II

Vater, schenke unserm Papst,
dem du aus der Schar der Priester
wahrhaft deine Stimme gabst,
deinen Beistand alle Zeit,
dass er auch in schweren Stunden,
sich in dir geborgen weiß.
Hilf ihm, dass er diese Liebe,
die sein Volk dir stets gezeigt,
allen Menschen weitergebe,
so, dass niemand vor dir schweigt.
Amen.

Leben auf der Erde

Menschen lebten auf der Erde,
keiner hat sie je gezählt.
Völker kamen und verschwanden,
doch der Herr hat sie erwählt.

Das Leben, ja das Leben,
es geht dahin wie uns're Zeit
und doch sind wir geborgen,
in Gott, bis in die Ewigkeit.

Was bin ich denn, dass du dich annimmst,
meiner Sorgen, Freud und Leid.
Ich, ein Mensch auf dieser Erde,
in des Herrn Unendlichkeit.

Das Leben, ja das Leben,
es geht dahin wie uns're Zeit
und doch sind wir geborgen,
in Gott, bis in die Ewigkeit.

Vater, wir danken dir.

Das Schönste auf Erden ist die Gewissheit,
dass Gott bei uns ist.
Er ist täglich, ja in jeder Minute
in unserer Mitte.

Vater, wir danken dir,
dass du uns deinen Sohn gesandt hast
und ihn uns immer wieder sendest.
Ohne ihn wäre unser Leben ein Hinvegetieren,
mit ihm ist es ein Leben in der
Hoffnung der Auferstehung.

Kälte

Bizarre Eisberge ragen in den Himmel,
doch die Sonne kann sie nicht schmelzen,
weil die Kälte aus der Tiefe genährt wird.

Sonne, öffne mein Herz,
damit das Eis in mir schmilzt
und die Wärme sichtbar wird.

Schwerkraft

Löse mich, von der Schwerkraft des Erdballs,
von der Sorge um das Tägliche.
Zerschlage die Fesseln mit denen ich mich
an Menschen binde,
schenke mir Raum für die Freiheit
in mir selbst
und lass mich mit meinen Gedanken
emporsteigen,
wo unendliche Weite, Gerechtigkeit
und Freiheit
mich in einem warmen, strahlenden
Licht erwarten.

Ostern

Das Leiden unseres Herrn
kann nur derjenige erfassen,
der selbst gelitten hat.

Wer aber leidet, und dennoch
auf Christus schaut,
erfährt in überreichem Maße
die Gnade und Kraft des
Auferstandenen.

Schmetterling und Sonne

Zeichen für Leben und Wärme.

Leben, das durch die Kraft
der Sonne nur kurz aufleuchtet,
den Menschen aber

Gottes Herrlichkeit

erahnen lässt.

Dank

Vater, ich danke dir für jedes Bild,
das ich fertiggestellt habe,
denn es ist dein Werk.
Siehe, mit einem falschen Federstrich
könnte ich es zerstören,
aber du gibst mir die Gedanken
wenn ich die Farben mische,
du führst meine Hand, wenn ich
den Pinsel führe
und so ist jedes Bild, das ich vollende
ein Geschenk von dir.
Ich betrachte es,
und sehe die Schönheit deiner Schöpfung.

Wolken

Die Sonne lacht vom blauen Himmel
und gießt die Wärme in das Herz.
Sie überstrahlt all unsre Sorgen
und lässt vergessen, Kummer Schmerz.

Am Horizont ziehn kleine Wolken,
wie Watteflocken übers Blau.
Sie sind wie Lichter in der Seele,
wenn ich in ihre Helle schau.

Doch auch die großen Wolkenberge,
die dunkel bei Gewitter stehn,
zeigen, dass selbst große Sorgen,
wie Wolken stets vor rüber ziehn.

CHRISTUS

Weg Wahrheit Leben

Weg, auf dem wir gehen,

durch Täler und Höhen,
bei Sonne und Regen,
durch Abgründe und Dunkelheit,
doch mit einem nie verlöschenden
Feuer im Herzen.

Wahrheit, die wir erstreben,

durch uns oft getrübt,
doch durch das Licht Christi
aufleuchtend, tausendfach,
in den Menschen.

Leben aus dem Samenkorn
hervorgehend,

mit Kreuz und Leid behaftet,
doch durch Christus gewandelt
zum Ewigen Leben,
in Freude und Erfüllung.

Versuchung

So gewiss es ist, dass Christus hier auf
dieser Welt gegenwärtig ist,
so gewiss ist die Gegenwart des Satans
und so unermüdlich, wie Christus versucht,
unsere Seelen zu retten,
so beharrlich versucht der Satan
uns in seinen Bann zu ziehen.

Je näher ich Christus komme,
je mehr spüre ich den Widerstand des Bösen,
denn wenn ich lau und gleichgültig bin,
hat der Satan ein leichtes Spiel.
Sobald ich mich jedoch für Gott entscheide,
beginnt der Kampf des Satans und
sein vielfacher Sieg.
Ich spüre es, indem ich meine Schuld
vor Gott erkenne.

So ist das Leben eine stete Aufforderung,
sich zu entscheiden.

Gebe Gott mir die Gnade, dass ich mich
stets auf die richtige Seite schlage.

Tanz

Schritte, leicht und beschwingt,
anmutig schön,
die Erde kaum berührend,
mehr schwebend,
einer Feder gleich
und doch, nur Lohn unendlicher
Arbeit an sich selbst.
Trost meiner Seele.
Nach Schwere und Dunkel,
folgt Leichtigkeit und Freude.

Via Appia

Eine Straße, die mir den Weg zeigt.
Bäume, die mich auffordern
nach oben zu schauen.
Mein Leben ist eher ein verschlungener Pfad.

Möge er am Ende in die
letzte große Via Appia einmünden.

Priester

Wie viele Schritte auf Christus zu,
auf steilen und steinigen Wegen,
immer mit ihm unterwegs zu sein,
oft mühsam, doch vielen zum Segen.

Wie viele Worte, aus dem Herzen gesagt,
haben den Nächsten gefunden,
doch wenn der Wind sie vorüberträgt,
wird es oft schmerzlich empfunden.

Wie viele Stunden, mit ihm im Gespräch,
ehrfürchtig, kämpfend, ergeben.
Wer seinem Rufe in Treue folgt,
erntet unschätzbaren Segen.

Sehnsucht

Sehnsucht, die in meinem Herzen brennt,
die nicht zur Ruhe kommt,
was mir die Welt auch anzubieten hat.

Sehnsucht, die nicht von Dingen dieser Zeit
gestillt werden kann,
die aus dem tiefsten Inneren emporsteigt,
und doch mein ganzes Wesen umschließt.

Sehnsucht, in mich hineingelegt,
wie ein Samenkorn göttlichen Lichtes,
das wächst und wächst, bis es jede Faser
meines Seins erfasst hat.

Sehnsucht, in Ihn einzugehen,
von dem jedes Leben seinen Ursprung hat.

Solange mein Herz schlägt,
wird diese **Sehnsucht** in mir sein.

Das Leben

Dem Meer der allumfassenden Liebe entstiegen,
gleich einem Hauch, einem Nebel der entschwebt
und der sich irgendwo niedersenkt, als Tau.
Noch trägt er eine Spur des Glanzes seiner Herkunft,
doch nur für kurze Zeit.

Er fällt zu Boden und versickert in der Erde,
verbindet sich mit anderen und
gemeinsam suchen sie den Strom
der sie in die Helle zurückführt,
doch dieser Weg ist weit.

Es folgt ein ständiger Wechsel zwischen Licht und
Schatten.
Das Zusammenspiel der Kräfte verbindet,
lässt uns begreifen, dass nichts verloren geht,
nur immer wieder gewandelt und geläutert,
im Licht der ewigen Klarheit.

Unser Leben ist von
Schlechtigkeit durchlöchert,
zerfressen und wurmstichig.

Doch es vermag mit
Gottes Hilfe
auch eine Rose zum Blühen bringen
und wird somit zur Kostbarkeit.

Verzweiflung

Meine Seele ist betrübt.
Dunkelheit erfüllt mich.
Das Licht meines Glaubens
vermag die Finsternis nicht zu durchbrechen.

Ich finde keinen Trost.
Zweifel beherrschen meine Gedanken.
Ich sehe mich versinken
und mit mir all die, die ich liebe.
Ich sehe keine Hand mehr, die mich hält,

höre nur Stimmen, die mich ob meines
winzigen Funkens der Hoffnung verhöhnen.
Was kann ich tun mit meinem Gebet,
wer kann mich schon hören?
Ich schreie aus dieser Finsternis zu dir o Herr.

Wo bist du?
Lass mich dich wieder sehen
und alles Leid, alle Sorgen sind zu ertragen,
wenn du nur an meiner Seite bist.

Schenke mir die Kraft zurück,
die aus dem Glauben erwächst.
Wie kann ich sonst bestehen?

Verlassenheit

Kein Wort des Trostes,
kein Freund, der mitfühlt,
kein Ausweg aus dem Dunkel.

Die eigenen Gedanken
ein Labyrinth ohne Ziel,
doch ein Name,
der immer wieder aufblitzt
wie ein Stern
am verhangenen Himmel.
Er legt sich heilend auf die
verwundete Seele,

„Jesus"

Dank für Gottes Gegenwart

Herr, ich höre, und du rufst mich in dein Haus,
und ich fühle, dass du mich im Leben brauchst.
Ja ich weiß, dass du mich führst durch die Dunkelheit,
Herr, ich danke für dein Licht in dieser Zeit.

Herr ich sehe, und du zeigst mir deine Welt,
unsre Erde und das weite Himmelszelt,
meine Augen sie erblicken deine Herrlichkeit,
Herr ich danke für die Schöpfung allezeit.

Herr, ich lebe und du schenkst mir deinen Geist,
der mich führt und auf den rechten Weg mich weist.
Du bist bei mir alle Tage, bis ans Ende der Zeit,
Herr, mein Leben, es ist dein in Ewigkeit.

Trübsal

Jesus, du hast deine Arme am Kreuz ausgebreitet
um uns in deiner großen Liebe zu umfangen.

Ich komme dir genauso entgegen,
um Sorge und Leid entgegenzunehmen
und mit dir zu beten,
Vater, nicht mein, sondern dein
Wille geschehe.

Doch mein Herz ist verwundet
und vor meinen Augen liegt der
Schleier der Finsternis.
Herr, schenke mir einen Funken deiner Gnade,
dass ich mich nicht so verlassen fühle.

Ich lege meine Tränen von so vielen
durchwachten Nächten vor deine Füße.
Erbarme dich meiner o Herr,
denn ohne dein Licht kann ich
die Tage der Trübsal und Prüfung nicht bestehen.

Der Gute Hirt

Ich bin der gute Hirt.
Ich kenne die Meinen und die Meinen
kennen mich.

Du führst mich durch eine karge Landschaft
und der Weg ist beschwerlich.
Auf der ganzen Strecke keine Erquickung.
Ich gehe noch, doch meine Sinne sind wie betäubt,
gähnende Leere in mir,
Finsternis um mich herum.
Ich fürchte, den Weg zu verlieren.

Lass mich nicht zurück Herr,
und wenn ich falle und liegen bleiben möchte,
dann treibe mich an, ja schlage mich,
wenn ich nicht durchhalte,
denn ich möchte mein Ziel erreichen
und in Deinem Haus einkehren dürfen.

Last des Lebens

Oft erdrückend
schwer, bricht sie
in
unser Leben
ein und zwingt
uns in die
Knie.

Zeigt, wie die Sicherheit zerbricht.

Allein sind wir in diesem Kampf,
        so meinen wir,
        doch nein,

        **GOTT sieht die Not
        und greift mit ein.**

Schuldig

Herr, ich bin schuldig geworden vor Dir,
Dein Licht, ich spüre es in mir,
doch bricht es sich an meiner Schuld,
ich bitte, hab mit mir Geduld.
Ich schleppe diese Last umher,
von Tag zu Tag drückt sie mich mehr,
ins Dunkel Herr, ich möchte schrein
und kann mich doch nicht selbst befrein.
Erst wenn ich mich ganz ehrlich seh',
begreife, wie ich vor Dir steh',
sprichst Du in Deiner großen Huld,
Ich sprech' dich frei von deiner Schuld.

Wie oft vernahm ich dieses Wort
und alle Ängste nahm es fort.
Ist wie ein Bad in kühlem Nass,
wie Tau auf frischem grünen Gras.
Es trifft mich, und verletzt doch nicht,
reißt alles Böse in dein Licht,
erhellt mich, wie ein Blitz die Nacht,
die Tür ist auf, ich bin erwacht.

Ich lebe, will nie mehr zurück
und weiß doch, es ist kurz das Glück.
Ich jage ihm stets hinterher.
„Lass Dich umfangen, o mein Herr"!

Schneetreiben

Schau in den Himme.
Unzählige Flocken tanzen vor deinen Augen,
vom Wind hin und hergetrieben.
Sie fallen auf Dächer, Bäume, Pflanzen und auf das
Erdreich.
Keines dieser winzigen Gebilde kann es sich
aussuchen, wann die Reise zur Erde beginnt.

Aus einer mächtig großen Wolke geboren,
schutzlos dem Wind ausgesetzt,
wirbeln sie der Erde entgegen,
werden zu Wasser, um wieder von Luft und
Sonne aufgesaugt zu werden. So ist keine dieser
Flocken verloren,
auch wenn sie am Boden tauen und nicht mehr
sichtbar sind.

Wie ähnlich dem Kommen und Gehen der Menschen.
Von Gott ausgehend und zu Ihm zurückkehrend.

Krankheit

Was ist der Mensch, wenn Krankheit ihn befällt,
er ist umsorgt, mit Liebe die ihn hält,
doch in sich selbst, da ist er doch allein,
denn keiner kann ganz tief in ihn hinein.

Wenn Krankheit unser Leben ernst bedroht,
dann hilft kein Trost, kein weltliches Gebot,
da fordert man Entscheidung nur von dir
und letztlich bleibt ein Ich
und nicht ein Wir.

Wenn dir der güt'ge Gott noch gnädig ist,
freu dich auf die geschenkte kleine Frist.

In der Unendlichkeit wird dir erst klar,
dass die geschenkte ird'sche Zeit,
nur wie ein Windhauch ist
in Gottes großem Reich.

Die Sterne sind Milliarden Jahre weit,
wer kann erfassen dieses große Reich?

Wir wissen es und tun, als sei die Welt,
auf ewig nur für uns hierher gestellt.
Ein Menschenleben ist, und das ist wahr,
nur wie ein Blitz am Himmel, hell und klar.

Drum lebe ich und freu' mich an der Welt,
den Blumen und dem weiten Himmelszelt,
ist alles uns zur Freude nur gemacht,
bestaun das Farbenspiel in seiner großen Pracht.

Das Meeresbrausen und der Wellen Spiel,
das Vogelzwitschern und das Kinderspiel
und alles, was dein Auge nur erhellt,
ist uns von Gott zur Freude hingestellt.

Dass wir es sehn in großer Dankbarkeit
und nicht nur Sorgen, Kummer oder Leid,
denn Gottes Wort ist unumstößlich wahr.
Ich bin zu jeder Stunde für euch da.

**Strahlen
aus dem All,**

der Atmosphäre.

Tränen

der Angst und

Hilflosigkeit

in unseren Augen.

Wie lange Herr,
kannst du uns die Zerstörung
deiner
Schöpfung
noch verzeihen?

Tausend Träume

In der Tiefe meiner Seele
sind tausend Träume,
die ich liebe,
und doch fürchte,
dass ich sie versäume.

Hinter verschlossenen Türen,
die ich nicht kenne,
wartet ein Jeder,
dass er sich entfaltet,
und zum Leben ersteht.

Sind es Träume fern meiner Zeit?
Räume im Nebel?
Vorüberziehend?
Ohne Gesicht?
Im Dunkel verschwindend?

Ein Schauer erfasst mich,
ob solcher Gedanken
und doch bin ich
glücklich, denn da
ist nur Licht, kein Dunkel.

Ärger

Warum kann Ärger mich erfassen?
Ist er berechtigt?
Ein Wort hat mich gereizt,
will nicht verschwinden.
Es war da ohne das ich es gerufen,
vergiftet die Atmosphäre.

Heute wollte ich so gelassen sein.
Ich habe versagt.
Die Antwort kam zu schnell.
Zurück war zu spät
So ist es gelaufen, wie so oft vorher.
Ist da noch etwas zu retten?

Ich hasse das Wort**, Ärger**, denn es zerstört,
schleicht in dich hinein,
wühlt dein Inneres auf,
lässt Unfrieden wachsen.
Es auszurotten, heißt immer verzeihen.
Atme tief durch und versuche es.

Ostern

Der Stein ist fort, das Grab ist leer,
der Herr, er lebt, er stirbt nicht mehr.
Der Herr er lebt, ergreif die Hand,
die er dir reicht und folge ihr.

Du siehst ihn nicht, doch er ist hier,
so lang du lebst, geht er mit dir.
Der Herr er lebt, o sieh den Weg,
den er dir zeigt,
zur Ewigkeit

Herr, ich danke

Dunkel der Himmel und grau ist
die Welt,
kein Sonnenstrahl hat die Erde
erhellt,
trüb ist mein Sinn und ich fühl
mich allein,
du gibst mir Mut, ich zu sein.

O Herr, ich danke dafür.
O Herr, ich danke dafür.

Wo ist das Licht, das die Herzen erhellt,
wo eine Hand, die mich führt.
Ich wär' verlassen, doch Du hast gesagt:
„Ich bin bei euch, jeden Tag".

O Herr, ich danke dafür,
O Herr, ich danke dafür.

Luft zum Atmen

Luft, ich sehe dich nicht,
doch streift der Wind an mir vorbei,
so spür ich dich,
prickelnd auf der Haut am Morgen.

Tanz mit den Wolken,
und werfe den Regen herab,
nur in der Stille
bleibst du dem Auge verborgen.

Heiß ist dein Atem,
wenn dich die Sonne erwärmt hat
und nur die Nacht
bricht deine drückende Schwüle,

um beim Erwachen,
uns deinen Zauber zu zeigen,
wie Diamanten,
leuchtet der Tau in der Kühle.

Streichst du durch Felder,
ehrfurchtsvoll, Ähren sich neigen.
Ich werde still,
lausche dem Klang deiner Weisen.

Blätter im Herbstwind
lösen sich vom Saft der Bäume,
tanzen und schweben,
sterbend zur Erde ganz leise.

Du zeigst das Leben,
Kommen und Gehen ohne Ende.
Was ist der Mensch,
in diesem Zyklus der Zeiten,

dass er hinauswächst,
nicht in dem Strudel versinkend.
Es ist Dein Atem,
Herr, aller Täler und Weiten.

Ruhe Ich suche Ruhe

Um mich herum ist alles still,
und das ist das, was ich doch will.
Doch nicht von außen, nein in mir,
im Kopf, da tobt ein Stimmgewirr
und Einhalt kann ich nicht erzwingen,
es lärmt und schreit nach vielen Dingen.

Schweigen sollen sie, schweigen

Ich möchte mich auf Gott besinnen,
doch kann dem Lärm ich nicht entrinnen.
Gedanken, die so klar ersteh'n,
werden vertrieben und verweh'n
und reißen mich in diesen Sog,
des Unheils, das ich nicht erwog.

Ich fordere Stillstand, es gelingt

Jetzt bin ich wieder auf der Spur,
ein starker Wille war es nur.
Gedankenströme kommen gern,
zurück, du glaubst nur, sie sind fern
und hobeln deine guten Pläne,
ganz schnell in viele kleine Späne.

Verpasst, verpasst, so schreie ich

und sehe, dass der Vorsatz weg,
die Zweifel waren es, o Schreck.
Und wieder folgt ein Neubeginn,
ich hoffe, dass ich jetzt gewinn'.
Ich weiß, dass Gott stets auf mich wartet,
auch wenn ich hundertmal gestartet

Advent

Heute brennt die erste Kerze,
kündet uns von Gottes Licht,
seiner Liebe, seiner Wärme
die in jedes Dunkel bricht.

Jeder von uns eine Kerze,
in der Taufe angezündet,
schau sie an, wie brennt sie heute,
oder hat sie gar der erste,
kleine Windstoß ausgeblasen?

Brennt sie ruhig in der Ecke,
dass sie keiner je erkennt?
Oder hell an einem Fenster,
dass sie anderen Freude schenkt?

Flackert sie bei jedem Lüftchen,
dass man Angst hat, sie erlischt?
Oder schenkt sie dem Verirrten
grade noch genügend Licht?

Eines weiß ich, meine Kerze,
brennt nur eine kurze Zeit
doch vielleicht kann eine Neue
sich an ihrem Schein entzünden,
um vom ew'gen Licht zu künden.

Weihnacht

Ruhig brennt die Weihnachtskerze,
in der Zeit, die das nicht kennt,
verspricht Wärme, Licht und Frieden
und verzehrt sich, wenn sie brennt.

Christus, den wir jetzt erwarten,
ist das Licht in dieser Welt.
Er verzehrt sich für uns alle,
weil er uns die Treue hält.

Dieses Licht ist unser Leben,
in der Dunkelheit der Zeit
und es brennt an allen Orten,
gnadenreiche Weihnachtszeit.

Geborgen

im Schoß der Mutter,
zärtlich umfangen,
liebend angeschaut,
dem Leben ausgesetzt,
doch niemals verlassen.

Wenn auch unsere Welt zerspringt wie Glas,
CHRISTUS
und seine Kirche schenken uns
Geborgenheit.

Dank für alle Stunden meines Lebens

O Jesus, ich danke dir für deine Gegenwart,
die du mir, im täglichen Gebet offenbarst.
Mein Herz brennt in mir, als müsste es zerspringen
und eine unheimliche Sehnsucht erfüllt
mich nach dir.
Gleichzeitig aber auch eine unermessliche Trauer,
weil so viele Menschen auf dieser Erde
das Angebot deiner unendlichen Liebe abweisen.

Du schenkst mir die Gnade, einen winzigen Strahl,
deiner himmlischen Herrlichkeit in

mich einströmen zu lassen,
und ich möchte mein ganzes Denken,
Reden und Tun, mein ganzes Leben
auf diesem Gnadenstrahl zurückgleiten lassen,
bis es mit meinem letzten Atemzug
in deine, alles umfassende Liebe eintauchen darf.

Orgelkonzert im Advent

Ich sitze ganz ruhig und warte still,
im Kirchenschiff brennt nur gedämpftes Licht.
Ganz leis erklingt der Orgel erster Ton,
wie eine zaghafte Bitte.
„Denke an uns Herr, auf deinem Thron".

Andere Töne gesellen sich dazu
und es klingt, es muss in den Ohren uns schallen,
wie Reiskörner, die in leere Teller fallen
und ich bete, Herr, ich will ihnen geben,
ich verdiene nicht, deinen reichen Segen.

Die Töne reigen sich,
wie Perlen in eine Kette,
füllen den Raum und mich völlig aus,
und ich danke:
„Herr, für die Geborgenheit in deinem Haus".
Ich möchte, dass alle das Glück erfahren
und die Orgel schwillt an, wie ein gewaltiger Chor,
ein Aufschrei der Menschen dringt an dein Ohr,
wie aus tausend Stimmen, von nah und fern.
„Wir erwarten in Freude,
das Kommen des Herrn".

Gebet

für

andere
Menschen
ist

Gottes Licht
auf ihr Antlitz werfen.

*Blitze sind nur für
Bruchteile von
Sekunden sichtbar,
doch eine gewaltige
Helle und Kraft
geht von ihnen aus*

Wie der Anruf GOTTES

an die Menschen

*Doch oft wird er nur kurz
wahrgenommen
und schnell
wieder vergessen.*

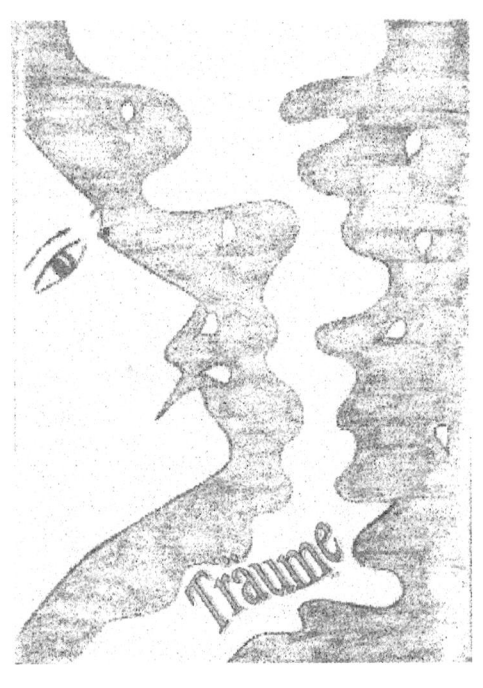

Träume
der
Seele,
nach

Harmonie
und
Frieden.

Die Geburt Christi
ist die
Mitte unseres Lebens.

Weihnacht

Weihnacht, das ist Licht und Wärme,
Liebe, Trost, Geborgenheit.
Christus wurd' hineingeboren,
auch in diese, unsre Zeit.

Er hat heut nur unsre Hände,
die die Not der Welt vertreibt,
Hunger, Krieg und Gottesferne,
schmerzen muss ihn jeder Tag.

Lös' die Fesseln unsrer Hände,
dass dein Segen auf uns fällt,
denn Du bist und bleibst für immer,

Mittelpunkt –
-
- der ganzen Welt.

Kerzen

Sinnbild des Lebens,

kreisen um die

Mitte.